癒しの絶景

セドナからのメッセージ

Sedona
FOUNDED 1902

癒しの絶景

セドナからのメッセージ

アイル・グラハム〔文〕
長谷川恭子〔写真〕

Contents

はじめに ——— 004

「はじめの女性」
Yavapai(ヤバパイ)神話 —— 006

宇宙 ——— 008

誕生 ——— 024

悩み ——— 030

癒し ——— 038

力 ——— 046

今 ——— 056

未来 ——— 064

幸せ ——— 082

四大ボルテックス ——— 092

まだまだあるパワースポット —— 100

セドナの住人たち ——— 104

シャーマンたちとの出会い —— 106

セドナ・ボルテックスマップ —— 109

おわりに ——— 110

はじめに

セドナの隣り町、フラッグスタッフで日本食レストラン『Hiro's』を夫とともに始めたのが2003年。このレストランは毎年連続Best of Flagstaffの賞をいただくほど評判がよく、その噂を聞きつけて、セドナのアップタウンにあるハイアットホテルから出店のお誘いがありました。しかしハイアットホテルのレストランはかなり広く、切り盛りする自信がなかった私たちは出店を何度もお断りをしました。が、4回目で結局根負けして、2009年に出店することとなりました。それがセドナへ引っ越したきっかけになります。*

以前から写真を撮ることが大好きだった私は、たびたびセドナを訪れていましたが、引っ越してからは水を得たさかなのように毎日写真を撮りつづけました。

セドナは日本のように四季折々の姿を私たちに見せてくれます。

1月　レッドロックにつもる雪景色が美しく、町は静かです。
2月　冷たい空気が張りつめ、夜空の星が輝きを増します。
3月　町じゅうの木々に花が咲きはじめます。雪解け水で、川は増水します。
4月　新緑が美しくまぶしい季節です。
5月　アップタウンには月見草、森にはルピナスが群生します。コットンウッドの綿が町じゅうを舞い、幻想的な風景をつくりだします。

6月　一年で一番晴れた日が多く気温も高めで、川は大にぎわいになります。

7月　夏休みに入りキャンプ場は子どもたちが一杯。毎年川にアオサギが姿を現します。

8月　雨期。レッドロックと雷が美しく、虹がよく出る時期。ワイナリーにはぶどうが鈴なりで、サルスベリの花が咲き乱れます。

9月　リンゴや桃の実が町じゅうで見られます。

10月　快晴が続き真っ青な空がまぶしい。バラの花があちこちに咲いています。

11月　気温が下がり紅葉が見事です。

12月　クリスマスの飾り付けで町じゅうがにぎやかに。

大自然の厳しさと優しさが癒しを生み、セドナは見る者を虜にしてしまいます。けっして見飽きることのない風景。どこへ出かけてもセドナに戻ってきたくなる魅力。

四季が織りなす大自然の営みを、一瞬一瞬のセドナの表情を見逃したくない一心で撮りつづけた写真です。少しでも多くの方にお楽しみいただけると幸いです。

＊その後『Hiro's』はウエストセドナに移転しました

長谷川恭子

「はじめの女性」Yavapai（ヤバパイ）神話

その昔、「真珠の女」と呼ばれたKomwidapokuwia（コムウィダプックヤ）という女性がいました。

人々はそのころモンテズマウェルという湖の近くに住んでいました。ある日、大洪水から人類を守るため人々は「真珠の女」と食べ物と一匹のキツツキを丸木に入れ流しました。

何回朝が来て夜が来たことでしょう。

大雨は激しく降りつづけ、溢れだした水は大地をすべて覆ってしまうほどになりました。

40日がたち、雨は止み、水は引き、丸木はセドナへ流れ着きました。キツツキの合図により「真珠の女」は丸木から外に出てみました。キツツキは彼女をミンガス山（ジェロームのある山）の頂上へと案内しました。

彼女は人々から守護の象徴として託された真珠(白い石の比喩として真珠とよんでいた)を、その地に埋めました。

そして彼女はサンという青年に出会い恋に落ちました。その後セドナの地にもどり、彼女はボイントンキャニオンの魅惑 (enchanted)の泉で水浴びをしました。

そのあとすぐに妊娠し元気な女の赤ちゃんを出産しました。この赤ちゃんがのちに「はじめの女性」Yavapaiの母になりました。

※Yavapai族はセドナ周辺にすむネイティブアメリカンの一部族です。

モンテズマウェル湖

川のほとりで、
深く息をすいこんでみる。
ハートの中心に、
宇宙の英知が流れこんでくる。

レッドロッククロッシング

賢者とは、「愛」と「英知」と「力」の
バランスが絶妙にとれている人。
古《いにしえ》のネイティブアメリカンの聖地には、
そんな賢者の息吹きがそこかしこに残されている。
それは、時空を超えたギフトとなる。

キャメルヘッド

自分は何をしたいのだろう。
何を求めているのだろう……。
誰かにその答えを求める前に、静かに座ってみる。
やがては天から一筋の光がもたらされて、
心の深淵を照らしてくれる。

黄葉と龍雲

ひとつひとつの雲の上から、
ご先祖様が見守っていてくれる。
私という存在の後ろには、
何世代も続いた人生が列をなしている。
みんながいて、私がいる。
私は、みんなの人生の集大成。

たくさんの雲

宇宙と大地と自分が、
広がる意識のなかで統合されていくとき、
グレートスピリットが作りだした万物が、
内なる静けさのなかに
映しだされていく。

ACCESS
ONLY

私たちは、自分の意思で
いろいろと決めていると思ってしまうけれど
実は、グレートスピリットの
大きな意思で動かされている。
だから「信じて」、「ゆだねて」、
「あるがまま」でいこう。

教会の鐘

静寂のなか、陽から陰へ移り変わる聖なる瞬間。
人も自然も陰陽のバランスのなかで生かされている。
どちらも、なくてはならないもの。

カセドラルロックと夕焼け

人間はグレートスピリットから
3つの宝物をさずかって生まれてきた。
「勾玉《まがたま》」……魂。グレートスピリットと交信するところ。
「鏡」……魂を知るためのもの。心。
「剣」……意思の力。勇気。負を断ち切る。
心の鏡が曇ってしまうと、ありのままの自分が見えなくなる。
剣を使って、迷い・執着・嫉妬・恐れを断ち切ろう。

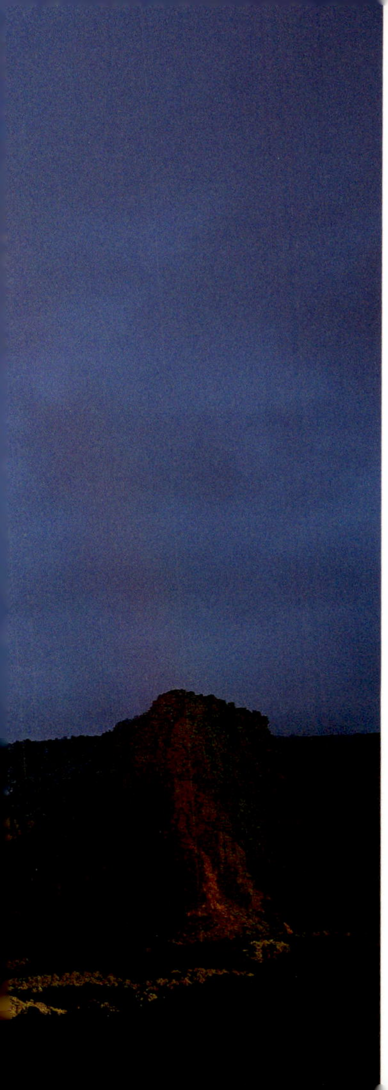

虹が生まれた。
ワクワクの未来に続くゲート。

虹と夕陽

浄化のときがきたら、
潔《いさぎよ》く、そのなかに身を置く。
静かに深く内側を見つめ、
新しく生まれ変わるための準備に入る。

雪

私たちは、生まれる前から、
グレートスピリットの
無条件の愛のなかで生かされている。
そして、人生を通して
無条件に愛することを学んでいる。
雷の轟きが魂の深いところにある
「愛」を呼び覚ます。

稲妻

近すぎると見えないときがある。
そんなとき、一歩引いてみて。
ほら、
こんなに素敵な世界が広がっている。

エアポートメサ

自分が背負っているもの。
そんなに大事なもの？
本当に大切なものって、
慈しみ、
いつも眺めていたいよね。
背中じゃ見えないよ。

カチーナウーマン

揺れる心……。揺れる思い……。
ハートが空っぽに感じる。
揺れは、いつかきっと収まるから、
今は、そのまま揺れているのを
ただ感じてみよう。

クレセントムーン・ステートパーク

自分にとって役に立たない思いこみや悩みは、
握ってはポイッ！ ポイッ！ と潔く手放す。
そのとき、紫色の光に包まれているのを
イメージするとさらに効果的。

雲と紫の光

新緑のなか、梢《こずえ》のささやき、
水のせせらぎが身体に響きわたる。
内なる自然治癒力が
高まっていくのを感じる。

新緑と川

人間だから、癖やカルマがあってあたりまえ。
でも、ときに私たちは執着で、それを満たそうとする。
自分は、何にこだわっているのだろう……。
執着を手放すほど、ありのままの自分になっていく。
あるがままの姿は輝いていて素敵。
いつも、スピリットは、
私たちのそのプロセスを
大きく見守っていてくれている。

コートハウスビュート

心のふるさと……
自分が素に戻れるところ。
大切にしたい……。

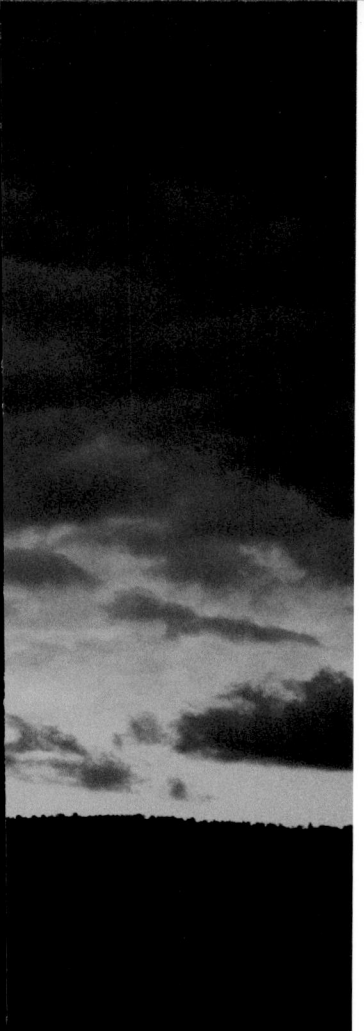

夕暮れの月

夕日に染まるオレンジ色が、
インナーチャイルドへとつなげてくれる。
母なる大地が腕を広げて、
「そのまんまでいいんだよ……」と、
丸ごと抱きしめてくれる。

雪と夕焼け雲

ちょうどよい塩梅《あんばい》で生きるということは、
49パーセントと51パーセントの間で、
バランスよく選択しつづけていくこと。
自分で決めた2パーセントの違いが、
100パーセントの行動となる。

積み石

シンプルに、シンプルに削っていったら、
最高の形になっていた。

ベルロック

KEEP
RIGHT
EXCEPT
TO PASS
PARKED VEHICLES MUST
DISPLAY A VALID
RECREATION PASS

自分のなかに、
揺るぎない光の柱が立つ。
それは、父なる空、母なる大地が、
交わるところとなる。

カセドラルの頂上

ときには縮こまってしまうときもある。
それは、次のチャンスまで、
力を蓄えているということ。
じっと待ち、タイミングがきたら、
大きくジャンプ！

雪のクレセントムーン・ステートパーク

力

大丈夫。
いつも完全に守られているから。
風のスピリットといっしょに、
大きく羽ばたこう。

マドンナロック

過去を振り返ってばかりいると、
「今」が見えなくなる。
ワクワクの光で
「今」と「未来」を明るく照らそう。

龍雲

どちらを選んでも、
行き着く先は同じ。
経験が違うだけ。
心のままに、
まず行きたい方向に行ってみよう。

マーグスドロー

DRAW

自分の足音に耳を傾ける。
鳥のさえずり、
乾いた土のにおい、
頬を撫でる風、
まぶしい光を身体じゅうで感じる。
それが、ワンダーランドへのチケットとなる。

シュネブリーヒルズのトレイル

雪の浄化の夜明けは、
育むやさしさにつつまれている。
そんなやさしさのなかで、
初めてのことに一歩踏みだそうとしている
自分に気がつく。

雪の夕方

自分の心の声にしたがって
素直に行動に移してみる。
開けた新しい未来に鈴の音が鳴り響く。

コートハウスビュート

自分の人生の道を変えたいとき、
朝起きてすぐに、
私はこうなりたいと
集中力と意思の力をもって宣言する。

私たちは、「始まり」と「終わり」の
循環のなかで生きている。
大地が、生きとし生けるものすべての「今」を受けとめ、
記憶してくれているから、
安心して次のプロセスに進んでいこう。

枯れ葉とクレセントムーン・ステートパーク

始まる。始まる。
喜びのなかから始まる。
両手を広げて、
あるがまま、飛びこんでみよう。

雲と空とティーポットロック

天から降りそそぐ
一粒ひとつぶの結晶は、
私たち一人ひとりの
内にあるミステリーを
解き明かす鍵になる。

雪のスヌーピーロック

ふっ！ と心躍るアイディアがやってきた。
最初のひらめきが最強の道先案内人。
その流れに乗っかってみよう。

川とカセドラルロック

セドナの透き通った青い空と、
プラチナのような太陽の光は、
自分の人生の方向性に向けて、
心のピントをピタッと合わせてくれる。
ただ、ただ、
大自然のなかであるがままに抱かれてみよう。

その先には最高で最善なるものが待っている。
ワクワクしながら、
一歩一歩進んでいこう。

願い事が叶う魔法の言葉。
"In the name of the I am that I am"
この言葉を先に宣言してから願いごとを言う。
それが自分にとって、
みんなにとって良いことだったら、
どんどん叶っていく。

心の神殿に光が差しこむ。
内なる平和が広がる。
それが、私たちの最高に幸せなとき。

新緑のレッドロッククロッシング

森のなかで、静かに瞑想をする。
宇宙エナジーが身体いっぱいに浸透してくる。
心からの微笑みがやってくる。

青空とレッドロック

空の下では、誰もが７色の宝物をもっている。

それを開く鍵は「信じる」こと。

みんな輝いてて、みんな素敵。

ダブルレインボー

自分の幸せも、他人の幸せも、
みんなまるくつながっている。
その光は、お互いを照らし合い
さらに美しく輝く。

夕陽

違うものが、そっと寄り添いあい、
同じ空間を分ちあう。
その距離感がちょうどよい素敵な響きを放つ。

カクテルグラス

ベルロック

セドナにいくつもあるボルテックス（大地からエナジーが集中して湧き上がっているスポット。渦という意味）。とりわけ有名な四大ボルテックスを紹介する。

まずはベルロック。セドナの南の玄関口に位置する、男性性のボルテックス。第一チャクラ（大地につながるエナジーの出入り口。位置は尾てい骨、脊椎の一番下）に作用。

自主性、決断、過去の清算、新しい出発、自由、希望、創造性、宇宙・祖先とのコンタクト、生命力の活性化のエナジー。

大地の奥深くへ、そして、宇宙と繋がるポータルがあると言われている。

この岩の上空あたりで、UFOがよく目撃されている。

過去からの執着やとらわれから解放されて、本来の自分の生きる道へと進むのを促す。駐車場から頂上まで、約30分。

頂上での瞑想《めいそう》は、自分からコンタクトを求めることにより、大自然から宇宙存在までの、いろいろな段階のスピリットと繋がりやすい。岩の中腹には、半周にわたって瞑想によいスポットが点在しているので、自分にあった場所を求めて散策するのも面白い。

ベルの形をしているので、上方に向かって、急な段々になっている。そのため、下りの道が見つけづらいときがある。そういうときは、焦らずゆっくりとあたりを見わたすと、道が見えてくる。

四大ボルテックスのなかでも、ひときわ赤い岩山。サンセットの光を浴びて、オレンジ色に輝く様は、ハートの深いところからの思いを表に出し、そこに光が当てられて、自分が本当は何をしたいのか、どこに進みたいのかを知る助けをしてくれる。サンセットハイクは、コートハウスビュートループからがおすすめ。

また、このトレイルは、ベルロックとコートハウスビュートをぐるっと一周する2時間半のコースとなっている。自分の人生を振り返り、新しい自分の人生をスタートするのを促してくれる。

ベルロックの北側にある、小さな岩山、ノーザンベルロックは、簡単に頂上までアクセスでき、そこから360度見わたせられ、カセドラルロック、ベルロック、コートハウスビュート、ホーリークロス教会など、主要なボルテックスを一望できる。

ボイントンキャニオン

女性性と男性性のボルテックスがあり、場所によっては、両方のエナジーがミックスされている。クラウンチャクラ（直観力や洞察力を高める。位置は頭頂部）に作用。

約600年くらい前まで、このあたりにはネイティブアメリカンが住んでいたため、ネイティブアメリカンのエナジーが色濃く残されている。

駐車場からボイントンキャニオントレイルを約10分歩いたところに、ビスタトレイル（vista trail）がある。その道を5分くらい登ると、カチーナウーマン（右側）と、ノウル（左側）の麓に出る。

カチーナウーマンは、女性性のボルテックス。子供を背負った女性の姿にも見える。慈愛、育み、繁盛、妊娠、受容、許し、創造性、再生、グラウンディングのエナジー。

地元のネイティブアメリカン、ヤバパイ族の聖地であり、人類発祥伝説の場所でもある。岩の中腹が、風化によって穴が空いていて、カチーナウーマンの子宮に見立てられている。その前でいろいろなセレモニーが行われたり、瞑想ポイントとなっている。

母なる大地に抱かれながら、再び生まれ変わるような体験につながるのかもしれない。

ノウルは、男性性のボルテックス。

勇気、信頼、家族愛、リーダーシップ、決断、創造性、グラウンディング、戦い(自分のコントロールパターンを打ち破る)のエナジー。

小さな岩山だが、赤い岩のなかからクリスタルがあちらこちらに表出していて、とてもパワフルな波動を持つ。麓でも頂上でも、自分が心地よいと感じる場所にしばらく座っていると、大地にしっかりとつながっていき、生きる勇気・元気がみなぎってくるのが感じられる。

ボイントンキャニオントレイルをビスタトレイルで右折せずに、そのまままっすぐ進むと、キャニオンの奥へと行ける。往復で、3時間強のトレイルだが、渓谷の間の森を抜ける道は、マインドと心を鎮め、感性のリセットとなり創造性が活性化される。エンチャントメントホテルの敷地が終わったあたりの右手の岩棚には、ネイティブアメリカンの遺跡が残されている。細い脇道から岩棚に向って登っていくと、レンガを積み重ねた住居跡にたどり着く。

エアポートメサ

男性性のボルテックス。みぞおちのチャクラに作用。

意思の力、物質世界からスピリチュアルな世界への移行、ネガティブな感情の解放、飛翔、決断のエナジー。

セドナエアポートの麓に位置する小高い岩山。駐車場から頂上まで数分の簡単なトレイルなので、子供からお年寄りまで楽しめる。

頂上から360度見わたせ、角度によって、まったく違う眺めとエナジーになるので、自分にしっくりとくる方角を見つけたら、そこから見える景色とエナジーに深く関わってみる。ハートの内側から何かが動きだすのを感じられるかもしれない。大地の上に仰向けに寝て、大地の暖かさと、広がる空を眺めながら、みぞおちを意識して深呼吸を続けると、蓄積している感情の解放が促される。

サンライズとサンセットの人気のビューポイント。

駐車場が狭いので、サンセットの頃は、特に時間に余裕をもって行くとよい。

エアポートメサトレイルの右側に、エアポートの麓を一周するエアポートループトレイルがある。時計回りに一周する約２時間のコースで、数分ごとに変化していく景色はどれもすばらしく、内観を促し歩く瞑想となる。

カセドラルロック

女性性と男性性が統合されたボルテックス。

アセンション（魂と意識の昇華）、浄化、無条件の愛、癒し、チャネリング、創造性、陰と陽の統合のエナジー。

セドナの中心的な役目を担うボルテックス。

レッドロッククロッシング（小川）から見ると、右から二つ目に、印を組んだお釈迦様の手のような形をした岩がある。その上空にアセンションポイントと呼ばれるところがあり、この岩があるから、魂の成長に興味がある人たちが、意識的にしろ無意識的にしろ、セドナに呼ばれることになると言われている。

また、この岩は、男性と女性が向き合っている形にも見え、男性性（陽）と女性性（陰）の統合を象徴する岩となっている。

カセドラルロックは、四大ボルテックスのなかでも、登るのが比較的ハードと言われているが、歩けば歩くほど身も心もすっきりとして、ワクワクと軽い気持ちになっていく人が多い。頂上での瞑想は、陰と陽の統合された安定したエナジーが、しっかりと丹田に治まり、意識は高く高次元へといざなわれていく。中腹や麓の付近でも素敵な瞑想ポイントがたくさんあるので、ぜひご自分が導かれるところでゆったりと瞑想をされることをおすすめする。

ここでの祈りは、それがその人の心からの願いであり、自分のためにも、人のためにも害がなく、幸せを呼ぶものであったら、叶えられると言われている。

日本からお参りに来る人たちが多いのも、それを実証している。

179号線側からと、レッドロッククロッシング側からの行き方がある。

前者は、駐車場から頂上まで約50分、後者は約90分。レッドロッククロッシングからの道は、小川沿いの木立のなかのトレイル。

せせらぎの音に包まれた森のなかの小道は、浄化を促し、カセドラルへ続く参道のようでもある。

ブロークンアロー

1950年、ジェームズ・スチュアート主演映画『折れた矢』(BrokenArrow)の舞台になったところ。ジープ用の道とハイキングの道がある。不思議な形にねじ曲がった木々が続くトレイルには、もののけの気配と静けさが漂う。歩きながらの瞑想を促す。古《いにしえ》の英知、カルマ、感情の解放、ステップアップのための完了、癒しのエナジー。

ブロークンアローまで、ハイキングトレイルを歩くと約1時間。ジープ道路は約20分。ザ・ワイ(The"Y")から179号線を南へ向かい、3つ目のラウンドアバウトを左折(Morgan Rd.)。住宅街を抜けるとすぐに駐車場がある。

マーグスドロー

スヌーピーロックの麓に位置する。少し高台になったこの場所は、沈みいく太陽と、背後の岩々に夕陽が反射して真っ赤に染まっていく様のどちらも楽しめる、とっておきのサンセットポイント。荒野とサボテンの間をまっすぐに伸びる道は、西部劇のワンシーンを思い出させる。

郷愁、インナーチャイルドの癒し、完了、希望のエナジー。

ザ・ワイ(The"Y")から179号線で南へ数分進み、サークルKとキングランサムホテルの間の道(SombartLn.)を左折。数メートル先の左手に駐車場がある。道路を挟んだところにトレイルの入り口があり、鉄のゲートを空けて入る。アップタウンから歩くことも可能。

ウエストフォーク

春の花や秋の紅葉を求める写真家や、地元の人たちに人気。

冬は、午後から日陰になるので、午前中がおすすめ。夏は川辺を歩くのでほかのトレイルと比べると涼しく歩きやすい。

開拓者が住んでいた跡地を抜けると、森のなかに静寂なトレイルが続く。清らかな川のせせらぎとやさしい木漏れ日が、ハートの浄化を促す。許し、やさしさ、再生、癒し、創造力の強化、内観を促すエナジー。

アップタウンから89A号線をフラッグスタッフ方面へ約17キロメートル車で走ると左手に入り口が見える。

また、ここから、少し89A号線を進んだ左手に、上流の小川の水をパイプで引いてきた水くみ場ある。住民や観光客に人気のスポット。

チムニーロック

セドナの町のどこからでも、見つけることができる煙突の形をした岩。

サンダーマウンテンの麓に位置する。カルマと負のエナジーを燃やす。内なる男性性の強化、粘り強さ、勢い、潔さ、安定、グラウンディングのエナジー。

ザ・ワイ(The"Y")から89A号線を西へ走り、6個目の信号 (Andante)を右折 (マクドナルドをすぎたら次の信号を右折)。そのまま直進し、突き当たりがチムニーロックに向かうアンダンテトレイル (AndanteTrail)の入り口。このトレイルからコーヒーポットロックもよく見わたせる。

セドナの住人たち

セドナの人口は、約1万8000人。そして、年間300万から400万もの人が観光やハイキングやヒーリングなどの目的でセドナを訪れています。住人は白人がほとんどです。ネイティブアメリカンたちの多くは、セドナから約1時間以上離れた居留区などに住んでいます。彼らの手づくりアートは、セドナのショップやアートギャラリーで売られています。また週末に開催される青空マーケットでは、彼らと直接お話しをしながら、ネイティブアメリカン・アートを購入することができます。

セドナには多くのアーティストやヒーラーが住み、皆、自分らしいオリジナルの生き方をしています。アップタウンには、地元アーティストによるブロンズ像や風車などのアート作品が点在していて、町じゅうが大きなギャラリーのようになっています。

住人は、健康志向の人が多く、生活のなかに身体によい食事や、ハイキング、ヨガ、マウンテンバイクなどを取り入れています。なかには、カセドラルロックなどの高い岩山をジョギングで往復する人もいます。またボルテックスや自然のなかで、静かに座り自分と対話をしている光景もよく目にします。

セドナはとても治安がよく、夏の夜は網戸だけで錠もかけずに寝ている家もあります。そんなところがアメリカのなかでも、老後に住みたい町として人気が高い理由でしょう。他の地域から引っ越してきた老夫婦が仲よく買い物をしたり、散歩をしたりしている姿は、とても微笑ましいです。また車が歩行者や自転車とすれ違うときは、車を追い越すように距離をあけてあげる。それがセドナ流です。

ボルテックスのパワーが、湯治のような効果を出しているのかもしれません。身体に生じる病気などの症状は、肉体とエナジーフィールドの両方のゆがみから来ていることを知っている人たちが多く、西洋医学、エナジーヒーリング、ホメオパシーなど、そのときの症状によって使い分けています。また、病院のドクターに相談するように、ナチュラルスーパーのサプリメント売り場のスタッフに相談している人たちもよく見かけます。

レストランのメニューは、白米か玄米、肉か豆腐などのように選択できるようになっています。スーパーは、オーガニックを多く取り揃えるナチュラルスーパーと普通のアメリカンスタイルのスーパーがあり、どの店のレジの人たちもみんな素敵な笑顔で、焦ることはせずゆったりと仕事をしています。列に並んでいる人たちも、それを当たり前のようにして待っています。物価は日本とさほど変わりません。オーガニック野菜は、普通の野菜よりも少しだけ高いだけなので、ベジタリアンには嬉しいかぎりです。

セドナは地下水が豊富で、貯水タンクに汲み上げられた水が、各家庭に配られています。セドナの中心を北東から南西にかけて流れるオーククリークは、湧き水が集まった川。暑い夏は、本と椅子とランチを持って、川のほとりでゆったりと水浴びをする人たちも見うけられます。

セドナの朝は早く、朝6時か7時くらいからカフェがオープンします。朝起きてすぐにカフェに行き、お気に入りのテーブルで、カフェ仲間と会話を楽しみながら、ゆったりと一日を始める人たちもいます。セドナを訪れたら、カフェで話している地元の人たちのなかに入ってみるのも素敵な体験になるでしょう。セドナの人々は、ウエルカムでそれを受け入れてくれると思います。

シャーマンたちとの出会い

約10年ほど前、セドナで、南北アメリカのネイティブアメリカンのシャーマンたちが集い、それぞれの文化や祈りをシェアしあう会が催されました。

私は記録係として、集会の内容をカメラに収めるボランティアをしました。それがきっかけで、毎年ペルー、ボリビア、グァテマラ、コロンビアなど、中南米を中心に、シャーマンたちと巡礼を共にするようになりました。

最初は、記録係としての参加でしたが、しだいに私も祈り人として、そのなかで祈りをさせていただく側になっていきました。ネイティブたちの祈りは、母なる大地・父なる空、そして太陽・月・火・水……などの自然のスピリットに対して、部族で受け継がれて来た方法をベースに、今という瞬間にしかできない、自分らしいやり方をプラスしていきます。

ときには、ただ手を太陽にかざす……という、一見とてもシンプルな仕草に見えますが、その一瞬一瞬に、集中力と目的を達成するという意思の力が込められています。太陽を見つめる目、差し出した手から、神々しい空間が広がっていきます。祈るための豪華な建物や道具がなくても、意識ひとつで、どこでも荘厳な神聖な祈りの場ができてしまうということを目の当たりに体験させられました。

また、彼らと旅を共にして、3～4年くらいたったとき、あるグランドマザーから、服装のことで言われました。「女性がジーンズやズボンをはくようになってから、女性は大地のエナジーを足の間から取り入れることをしなくなった。今、時代は、女性がリードをする時代になってきている。女性が女性性を取り戻すためにも、できるだけスカートをはくようにしなさい」……と。

そして、あるシャーマンからは、「なぜ、君は日本の伝統的な着物を着ないのか。他のシャーマンたちを見てみなさい。みんな自分の国と文化に誇りを持ち、自分の部族の祈りの服を身につけているでしょう。これからは日本の着物を着て祈るようにしなさい」……と。グランドマザーとシャーマンの言葉は、そのまま私のなかにストンと腑に落ちました。海岸や森のなかといった大自然のなかでの移動や祈りは、日本古来の着物よりも、自由に身動きが取りやすい沖縄の伝統の神衣装のほうが自分にはしっくりとくるので、今はそれを着させていただいています。

数年前、コロラドの森のなかで、いくつかの部族が集まり、数日間、ダンスを披露しあうという集いに招待されたことがありました。一部族のダンスは、15分くらいですが、そのための準備に3時間以上はかけていました。服を着るときも、モカシンブーツのひもを結ぶときも、顔にペイントするときも、その行為ひとつひとつに意識をこめていました。

衣装を着るというところから祈りなんだと実感しました。

ネイティブアメリカンたちにとっての民族衣装は、ス

ユークアラさんのこと

ユークアラさんはハバスパイ族スピリチュアルリーダーで、さまざまなネイティブアメリカンの行事をおこなっています。私がユークアラさんに初めてお会いしたのは、TRINITYというスピリチュアル系雑誌のセドナ特集でカメラマンとして依頼があったとき。

第一印象は『派手な人』です。ユークアラさんはネイティブの民族衣装にこだわらず、自ら衣装のデザインをして、家にミシンを5台持ち、日々衣装を作っておられます。いつもファッショナブルでおしゃれ……これが彼のイメージです。たまに日本の着物の生地などを使った衣装も着ています。

実は彼はうちのレストランの常連さんでもあります。　（長谷川）

ピリットへの礼節と感謝の表れ、祈りの象徴、そして、自分がその部族であるという誇りなのです。

日本にも素敵な文化と祈りがあります。日本を離れてみて、そのすばらしさ、日本人としての誇りを実感しました。セドナという土地で、ネイティブたちとの祈りのなかで、日本の心をこれからも自分なりに大切に表していくつもりです。

ギルさんのこと

ギルさんはニューメキシコ在住、アパッチの血を受け継ぐスピリチュアルリーダーです。初めてお会いしたとき、ギルさんは着物を着ていました。とてもよく似合ってました。ギルさんもかなりの日本通とお見受けしました。

ギルさんに頼まれて、去年の11月にシュネブリーヒルという場所で写真撮影をすることになりました。そこは4WDの車で小一時間かかる場所で、ギルさんの運転する車で連れていってもらいました。その間いろいろな話をしましたが、特に印象に残っていることは、「丸4日間絶食をすると霊が見えるようになる」というお話でした。私はそれまで霊の存在をまったく信じていませんでしたが、1年ほど前、あることがきっかけで信じるようになったのです。そのことをギルさんに話したときに返ってきた不思議な教えでした。

（長谷川）

ボイントンパスロード
Boynton Pass Rd.
ノウル
Knoll
ロングキャニオンロード
Long Canyon Rd.
カチーナウーマン
Kachina Woman
フェイキャニオン
Fay Canyon
ボイントンキャニオン
Boynton Canyon
デビルスブリッジ
Devils Bridge
至フラッグスタッフ
ブリンズメサ
Brins Mesa
ウエストフォーク
West Fork
サンダーマウンテン
Thunder Mt.
コーヒーポットロック
Coffee Pot Rock
ドライクリークロード
Dry Creek Rd.
ドウマウンテン
Doe Mt.
チムニーロック
Chimney Rock
シュガーローフ
Sugar Loaf
スフィンクスロック
Sphinx Rock
デビルスキッチン
Devils Kitchen
ミドゥリーブリッジ
Midgely Bridge
コックスコーム
Cooks Comb
ソルジャーパスロード
Soldier Pass Rd.
ザ・ワイ
THE "Y"
シュネブリーヒルズロード
Schnebly Hills Rd.
メディカルセンター
スヌーピーロック
Snoopy Rock
エアポートロード
Air Port Rd.
アンダンテドライブ
Andante Dr.
エアポートメサ
Airport Mesa
マーグスドロー
Margs Draw
空港 Airport
ブロークンアロー
Broken Arrow
モーガンロード
Morgan Rd.
至コットンウッド
89A
チャペルロード
Chapel Rd.
ツインビュート
Twin Butte
アッパーレッドロックループ
Upper Red Rock Loop
クレセントムーン・ステートパーク
Crescent Moon State Park
マドンナロック
Madonna Rock
ローワーレッドロックループ
Lower Red Rock Loop
バックオビヨンド
Back O'Beyond
ホーリークロス教会
Chapel of the Holy Cross
リトルホーストレイル
Little Horse Trail
レッドロッククロッシング
Red Rock Crossing
ノーザンベルロック
Northern Bell Rock
カセドラルロック
Cathedral Rock
ターキーポイント
Turkey Point
ベルロック
Bell Rock
コートハウスビュート
Courthouse Butte
オーククリーク（川）
Oak Creek
レッドロックステートパーク
Red Rock State Park
キャッスルロック
Castle Rock
179
ベルデバレースクール・ロード
Verde Valley School Rd.
ベルロック・ブルバード
Bell Rock Blvd.
ジャックスキャニオン・ロード
Jacks Canyon Rd.
Sedona vortex map
セドナ・ボルテックスマップ
ボルテックス
P パーキング
至フェニックス

おわりに

私の20代は、銀行員として朝から夜遅くまで働きづめの毎日でした。そこで三次元的（社会的）に生きる術をいろいろと学ばさせてもらいましたが、建て前のなかで生き抜くことに、しだいに息苦しさをおぼえるようになりました。その窒息感のなかで、自分が本当にしたいことがわからなくなってきて、あるとき、それらをすべて手放したくなりました。「自分の人生だ、自由に生きよう！ 自由であるということに責任を持とう！」と決めたのです。

銀行を退職して、前から興味があったドルフィンスイム（イルカと泳ぐこと）をはじめました。世界各地のイルカが私を癒し、私の本質をどんどん外に出す手伝いをしてくれました。

1997年の夏、西インド諸島のバハマのイルカに会いに行く途中、当時アメリカのニューエージの間で人気があったセドナに立ち寄りました。乾燥した赤い大地なのに、空気はみずみずしく、町じゅうが青いオーラに包まれ、私は透きとおった海のなかにいるような気になりました。

セドナは太古の昔、数回海の底だったそうですから、そのときのエナジーが残っているのかもしれません。イルカのスピリットもたくさん感じられ、セドナの大地の上で、ドルフィンスイムをしているかのようでした。岩壁の小さな穴から、魚が顔を出してきそうな気配すら感じました。

まるで映画のなかに入りこんでしまったかのような壮大な景色。心地よくて、やさしくて、力強いエナジーは、今まで忘れていた深い呼吸を取り戻すのを助けてくれました。透きとおった小川のなかに座り、カセドラルロックを見上げながら、お土産物屋さんで購入したインディアンフルートを吹いているとき、「ああ！ ついに、私は私らしくいられる場所を見つけた！」と感じました。そして、私がここに住む運命ならば、ここへ導いてくださいとスピリットに強く祈ったのです。

その数年後、日本で出演した平和を祈るイベントでセドナに住む男性と出会い、結婚することとなりました。5年の結婚生活後、夫は病気で他界してしまいましたが、生前チャネラーであった夫とともに、セドナの素敵な人々とハートとハートで、そして言葉以上にテレパシーで繋がることを体験を通して教えてもらいました。

日本で求めていた、普通にハートでつながりあえる社会が、ここでは日常的にあるのです。大自然が見せてくれる一瞬一瞬のアートは、私の心を虜にするほど美しい。住めば住むほどに、セドナの深い愛と波動に繋がります。自分は、大きな循環のなかの一部分であり、そこから人と大自然とスピリットに関わっていく──。

セドナは、本来の魂が生きる道に戻してくれるパワーを持っています。

たくさんの人たちが、さまざまな目的でセドナを訪れますが、自らの意思にしろ、無意識にしろ、魂の深いところで、そのパワーに触れに来ているのだと思います。人生を本当の道に導くきっかけを与えてくれるセドナ。

セドナを愛する一人として、ぜひ多くの人にこのセドナの深淵に触れていただきたいと思います。

アイル・グラハム

癒《いや》しの絶景《ぜっけい》
セドナからのメッセージ

文　アイル・グラハム
写真　長《は》谷《せ》川《がわ》恭《きょう》子《こ》

企画協力　町《まち》山《やま》和《かず》代《よ》
長《は》谷《せ》川《がわ》あゆ美《み》

ブックデザイン　河《かわ》石《いし》真《ま》由《ゆ》美《み》（CHIP）
本文DTP　有限会社 CHIP

発行所　株式会社　二見書房
〒101-8405
東京都千代田区三崎町2-18-11堀内三崎町ビル
電話　03（3515）2311［営業］
03（3515）2313［編集］
振替　00170-4-2639

印刷所　株式会社　堀内印刷所
製本所　ナショナル製本協同組合

ISBN978-4-576-14014-8
http://www.futami.co.jp